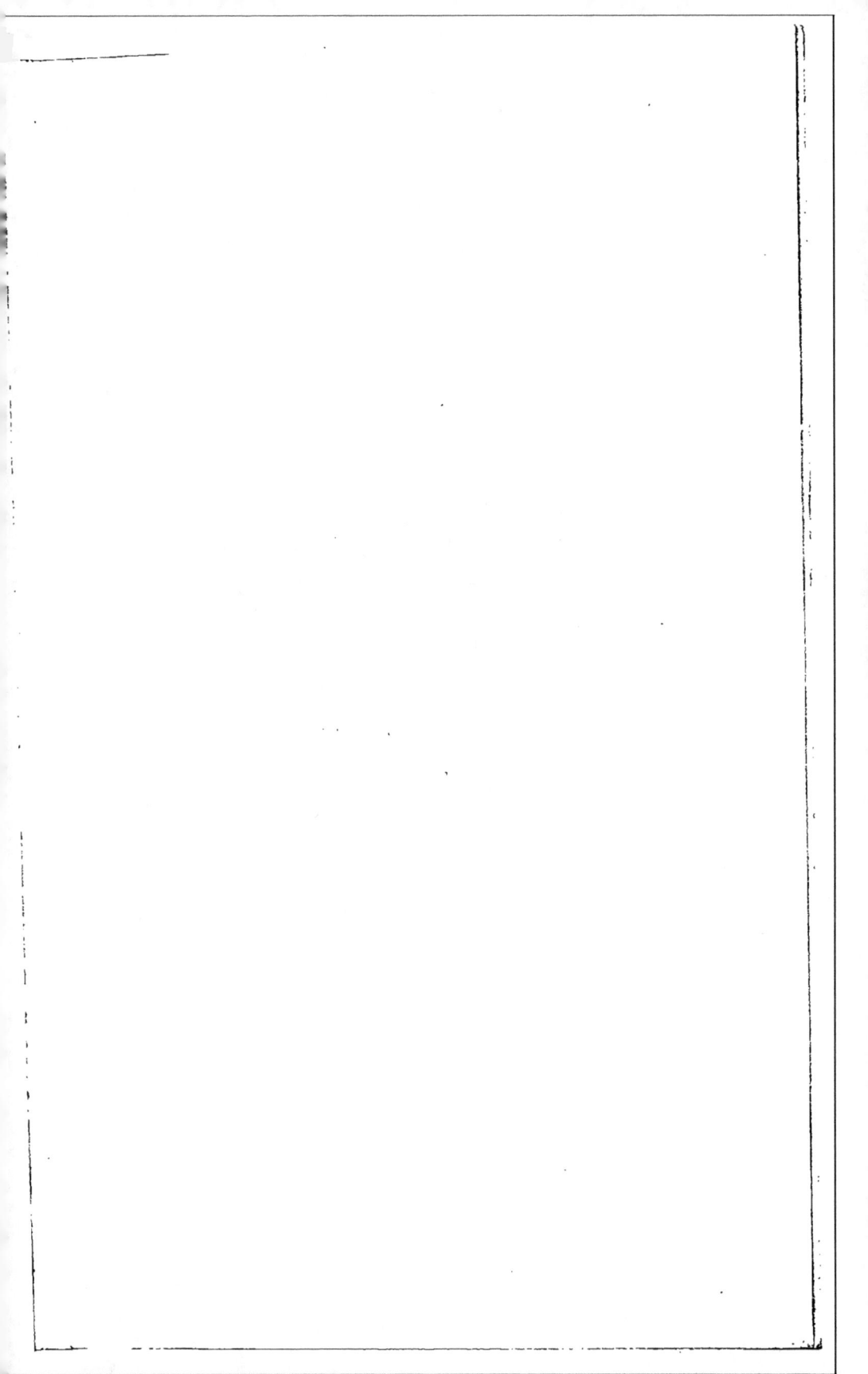

LES SUITES

D'UN

ARTICLE ANONYME

DU

JOURNAL DE LOT-&-GARONNE

PAR

PROSPER DE LAFITTE

AGEN

IMPRIMERIE DE SÉVERIN DEMEAUX, PLACE PAULIN, 1

1874

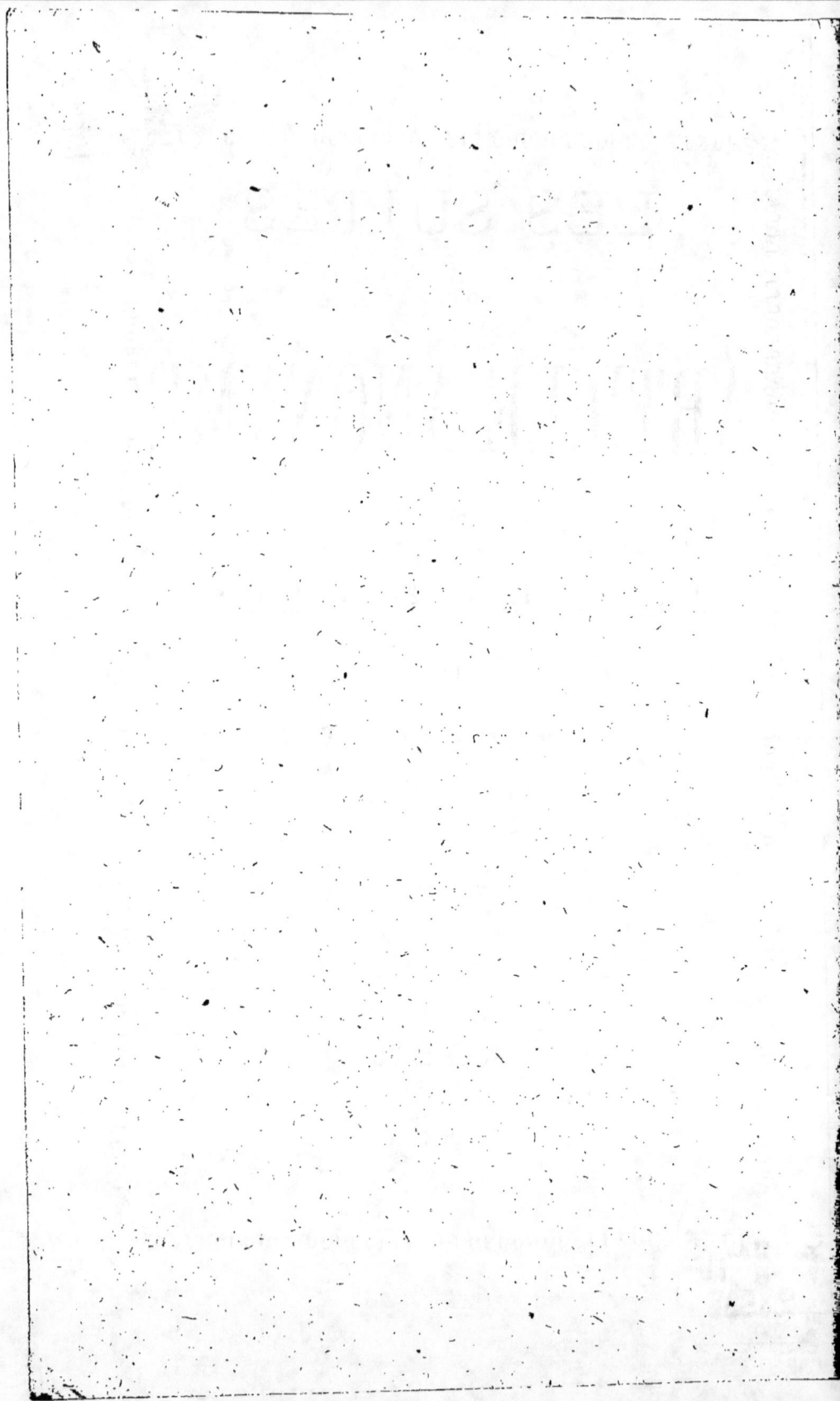

LES SUITES

D'UN

ARTICLE ANONYME

DU

JOURNAL DE LOT-&-GARONNE

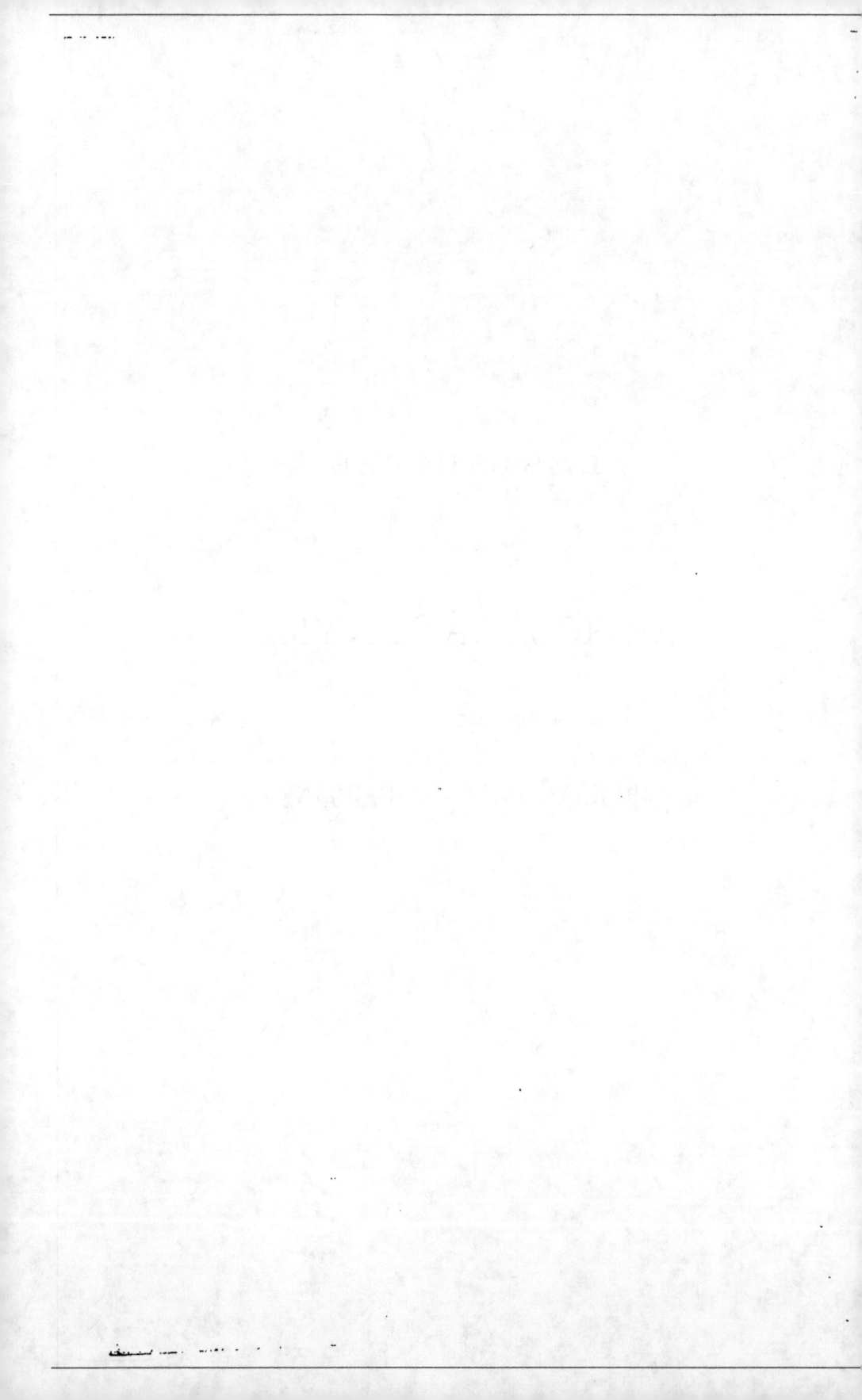

LES SUITES

D'UN ·

ARTICLE ANONYME

DU

JOURNAL DE LOT-&-GARONNE

PAR

PROSPER DE LAFITTE

———•———

AGEN

IMPRIMERIE DE SÉVERIN DEMEAUX, PLACE PAULIN, 1

1874

PRÉFACE

L'élection d'un conseiller général pour le canton d'Astaffort a été l'occasion d'une polémique à mon avis, regrettable.

Les documents qui s'y rapportent sont disséminés dans les journaux qui se publient à Agen ; beaucoup de personnes ont pu en lire quelques uns, n'avoir pas eu connaissance des autres et par suite mal connaitre les faits. Il m'a donc semblé utile de réunir ces documents dans cet opuscule, je les reproduis tous, sans exception, sans y rien changer, en ajoutant de très courtes observations.

L'affaire qui a surgi de ce débat est peu intéressante, à cause du peu de surface qu'à présenté le principal acteur ; elle est affligeante par l'attitude plus qu'étrange que ses témoins ont prise à la fin.

Toutefois, comme aujourd'hui il n'y a pas une famille qui, du jour au lendemain, ne puisse se trouver en butte à de pareilles attaques il me semble que ce récit pourra n'être pas sans intérêt pour quelques lecteurs.

Lajoannenque, le 19 octobre 1874.

P. DE LAFITTE.

LES SUITES

D'UN

ARTICLE ANONYME

DU

JOURNAL DE LOT-&-GARONNE

Dans son numéro du 1ᵉʳ octobre, le *Journal de Lot-et-Garonne* a publié cette correspondance anonyme ;

« On nous écrit d'Astaffort :

» Je viens de lire la profession de foi de M. Laffitte, propriétaire à Lajoannenque, candidat radical au Conseil général pour le canton d'Astaffort.

»Cette œuvre, assez insignifiante, pourrait passer inaperçue, si M. Laffite, qui n'eut jamais, je crois, plus de convictions politiques que de parchemins, n'y avait affirmé sa foi républicaine et ne s'y était recommandé des services rendus.

» Les services rendus par M. Laffite au canton d'Astaffort, où sont-ils ? Nous ne les connaissons pas. Quelles sont les communes où l'on puisse signaler une œuvre utile accomplie par lui ? Qu'a-t-il fait notamment pour Layrac, ce centre important dont des courtiers électoraux sollicitent avec tant d'ardeur les suffrages ? Rien, absolument rien.

» Quant à Astaffort, le nom des Laffite n'a jamais apparu dans son administration municipale qu'aux époques de malheurs publics.

» Le père du candidat actuél, qui signait sans particule Laffite tout court, fut maire de 1832 à 1837 (journées de juin et d'avril ; attentat Fieschi). Il redevint maire de 1848 à 1850 (journées de juin, assassinat de l'archevêque de Paris.)

» Son fils lui succède après un intervalle de cinq années, de 1855 à 1858 (Attentat Orsini).

» Bonapartiste à cette date, il voulut forcer le préfet, M. Paillard, à lui accorder la candidature officielle contre l'honorable M. Bouet. M. Paillard fut inexorable, supposant avec raison que M. Laffite pourrait succéder à M. Bouet, mais qu'il ne le remplacerait jamais comme une des lumières du Conseil général ; M. Laffite donna alors sa démission de maire et échoua devant le scrutin.

S'il fut plus heureux dans la suite, en 1867, c'est qu'il obtint d'un préfet moins perspicace que M. Paillard ce que celui-ci avait refusé avec tant de bon sens.

.» Il n'en reste pas moins acquis que de par M. le préfet Féart, le républicain Laffite a été candidat officiel sous l'empire.

» Au 4 septembre 1870, il reparaît à la mairie (guerre à outrance, Commune, otages, pétrole) toujours la même coïncidence ! Quand les Laffite montent au pouvoir, c'est que la France est malheureuse et troublée.

» Mais envers cette ville d'Astaffort, berceau de sa gloire républicaine, quartier général de son influence sur les nouvelles couches sociales, M. Laffite s'est-il montré moins avare de services qu'envers les autres communes du canton ? Non ; ici comme ailleurs, nous cherchons ses titres à la reconnaissance publique, et nous ne les trouvons pas. Quels actes en effet peut-il invoquer en sa faveur auprès de nous ?

» Serait-ce la délation qu'il a soutenue contre l'ancien percepteur et dont l'odieuse fausseté a été démontrée ?

. » Serait-ce son entêtement au sujet de l'Eglise, entêtement qui a coûté plus de 1200 francs à la

commune entraînée par lui dans un procès perdu
devant le Conseil d'Etat ?

» Si M. Lafitte n'a pas réussi à obérer plus sé-
rieusement notre budget, ce n'est vraiment point
sa faute. Battu par l'enquête et l'opinion à peu
près unanime des habitants pour sa proposition
du foirail, il a persisté dans ses idées, en obte-
nant de la complaisance du conseil municipal et
de la faiblesse de son successeur la rectification
de la *carrére* l'*élade.*

» Après avoir, dans un rapport, en date du 17
novembre 1871 (page 11), évalué les terrains de
rectification, les uns à 1 fr. 30, les autres à 50
centimes le mètre, ce dernier prix étant seul en
rapport avec la valeur vénale des terres dans ce
quartier, il a, par un acte dont la légalité aurait
pu être contestée, fait payer à la commune 10 fr.
le mètre, une parcelle de 40 mètres achetée par
le propriétaire exproprié entre 300 et 400. fr.?
Mais ajoutons vite, pour l'intelligence du fait,
que le propriétaire est un des agents les plus ac-
tifs et les plus connus de M. le candidat radical.

» Sont-ce les expériences agricoles de M. Laffite
ses importations de cépages qui peuvent être
considérées comme des services rendus ? Trop

heureux sommes-nous qu'elles ne nous aient pas importé le phylloxera !

» Faut-il chercher dans les travaux du Comice agricole d'Agen la preuve des mérites de M. Laffte. Après avoir fatigué le Comice pendant plusieurs années de ses élucubrations viticoles, il a fini par s'en voir refuser la présidence. C'est ainsi que ses collègues ont cru devoir rendre hommage à la compétence agronomique du châtelain républicain de Lajoannenque.

« Enfin, sont-ce les écrits de M. Laffite qui peuvent nous donner une haute idée des qualités de son esprit ?

Lisez et jugez :

« Les marchands ont besoin que leurs char-
« rettes soient à portée de leur marchandise. *Les*
« *cochons ne voyagent plus à pied*, etc. »

(*Rapport précité. page 18.*)

Et ailleurs, page 7 du même document :

« J'ai démontré dans mon rapport que le projet
« que je présente favorise l'agrandissement de la

« ville. Si, lorsque quatre maisons 'existent on
« veut empêcher d'en bâtir une cinquième parce
« qu'elle pourrait porter tort aux quatre pre-
« mières, il est *clair qu'il n'y aura jamais que*
« *quatre maisons, et qu'elles ne feront pas une*
« *maison à elles quatre.*

» O La Palisse, tu applaudirais des deux mains
ce raisonnement profond, cette argumentation
puissante qui dénotent chez le conseiller général sortant du canton d'Astaffort une supériorité
intellectuelle à laquelle ses électeurs doivent être
fiers de confier la défense de leurs intérêts. »

Le *Journal de Lot-et-Garonne* s'étant refusé à
insérer la pièce suivante, je la prends, avec la
lettre d'envoi, qui son a importance, dans le
journal l'*Union du Sud-Ouest*.

Nous recevons la lettre suivante de M. de
Lafitte-Lajoannenque, frère du candidat d'Astaffort :

Agen, 3 octobre 1874.

Monsieur le rédacteur,

Vous avez reproduit dans l'*Union du Sud-*

Ouest, une correspondance anonyme d'Astaffort, extraite du *Journal de Lot-et-Garonne.*

» Je vous prie, monsieur, de vouloir bien insérer également la lettre que j'adresse aujourd'hui au directeur du *Lot-et-Garonne.*

» Je vous demande, Monsieur, à dégager cette affaire de tout élément politique. Je le ferai d'un mot : *Mes opinions sont celles-là même que défend 'le Journal de Lot-et-Garonne* Je les voudrais en d'autres mains ; tous heureusement ne sont pas comme cela. (1).

Veuillez recevoir, Monsieur, l'assurance de mes sentiments les plus distingués.

» P. de LAFITTE

» ancien officier d'atillerie.

---

(1) Je n'ai pas à me louer du *Journal de Lot-et-Garonne,* on le verra de reste ; je dirai néanmoins que cette dernière phrase n'est là, qu'afin que la profession de foi qui la précède ne put pas être considérée comme une avance.

N. B. — Toutes les notes, au bas des pages, étant de moi, point n'est besoin de les signer.

P. L.

» La loyauté nous commande l'insertion de cette lettre.

» Comme nous n'avons jamais hésité à obéir à sa voix, nous nous empressons d'accéder à la demande de M. de Lafitte jeune.

» Voici donc sa rectification à l'adresse du *Journal de Lot-et-Garonne* :

» Lajoannenque, le 3 octobre 1874

» Monsieur le Rédacteur,

» Dans votre numéro du 1er octobre, vous avez imprimé une correspondance anonyme d'Astaffort, où je trouve contesté le droit à la particule qui précède mon nom, et des rapprochements injurieux pour la mémoire de mon père.

» Le soir même où le numéro a paru, c'est-à-dire le 30 septembre, je vous ai écrit pour vous demander de me faire connaître le nom et l'adresse de l'homme qui avait commis cette infamie, ou le nom de la personne qui en prenait la responsabilité.

» Aujourd'hui, 3 octobre, à huit heures du matin, je n'ai pas encore reçu de réponse.

» Vous vous taisez, et votre correspondant continue à se cacher !

» Je vous somme, Monsieur, de démasquer cet homme, afin qu'en le voyant chacun dise : *Voilà un lâche !*

» J'ai l'honneur d'être, Monsieur, votre obéissant serviteur.

P. DE LAFITTE,

ancien officier d'artillerie.

Je devais croire, après cela, que je n'avais plus qu'à attendre !

Dans son numéro du 7 octobre, le *Journal de Lot-et-Garonne* publiait la notre suivante :

» Nous avons inséré, dans notre numéro du 1ᵉʳ octobre, une correspondance d'Astaffort où la candidature de M. de Lafitte-Lajoannenque était combattue dans des termes qui ont soulevé les susceptibilités de son frère, M. Prosper de Lafitte-Lajoannenque, ancien officier d'artillerie.

» Nous croyons que cette correspondance politique n'outrepassait pas les droits de la polémique, surtout en temps de période électorale qu'elle ne visait que l'homme public, et, en tous cas, n'atteignait en aucune façon M. Prosper de Lafitte.

»Néanmoins, M. Prosper de Lafitte nous ayant demandé le nom de l'auteur de la correspondance, nous le lui avons fait connaître après autorisation de ce dernier.

»Mais M. Prosper de Lafitte, malgré cette communication, prétend aujourd'hui n'avoir à faire qu'à M. Henri Noubel, et lui a fait, ce matin, demander une réparation par les armes.

»M. H. Noubel ayant satisfait à la réclamation qui lui était adressée, on comprerd qu'il a dû décliner cette provocation que rien ne justifie»(1)

---

(1) Cette question de responsabilité est, avant tout, une question de bonne foi.

On tend ici à placer M. H. Noubel dans une situation qui ferait songer, à un autre point de vue, aux gens qui, pour être tranquilles chez eux, mettent leur mobilier sous le nom de leur femme.

M. H. Noubel, il y a quelques années, a rendu raison à un adversaire qui n'était pas le premier venu ; certainement il n'acceptera pas, en principe, un semblable rôle dans son journal. Il me suffit, en ce moment, qu'il se soit reconnu étranger à cette intrigue.

Cette note, qui a eu des conséquences re-
grettables, a été rédigée avec une légèreté dé-
plorable ! Qui ne dira, après l'avoir lue : voilà
un homme qui demande bruyamment le nom
de son insulteur, et quand on le lui donne il
n'en veut plus !

La vérité est exposée dans la pièce suivante,
qui résume les faits, et n'a été contredite dans
aucune de ses parties.

La voici, avec la note du *Journal de Lot-et-
Garonne* :

« M. Prosper de Laffite nous a adressé, hier, la
lettre qu'on lira plus bas, et que nous aurions insérée sans qu'il ait eu besoin de recourir au mi-
nistère d'un huissier (1).

« Il nous semble que M. P. de Laffitte finit par

---

(1) Votre vertu s'effarouche lorsque l'huissier ap-
pa:aît, et si l'huissier ne vient pas, vous n'insérez plus
rien de ce qui vous gêne.

Pourquoi n'avez-vous pas inséré ma lettre du 3 octobre (*voir plus haut, page* 12), que vos confrères ont
publiée ?

Pourquoi n'avez-vous pas inséré ma lettre à mes

où il aurait dû commencer. La correspondance d'Astaffort, dont il s'est ému, ne comportait, en effet, pas de meilleure réponse à une articulation qui, dans la pensée de son auteur, n'avait nulle-ment le caractère d'une imputation injurieuse contre la famille de Lafite. Cette lettre, écrite au feu de la lutte électorale (1) ne combattait que M. de Lafite, candidat au Conseil général, c'est-à-dire un homme public, jugé sur les actes de sa vie publique.

» Nous insérons donc très volontiers la note qui établit les titres de la famille de Lafite à porter une particule nobiliaire, que pour notre compte nous ne lui avons jamais contestée, et nous com-

---

témoins (*voir plus bas page* 39), que vos confrères ont publiée ?

Pourquoi n'avez-vous jamais rien inséré que vingt-quatre heures après vos confrères, alors que toujours vous avez reçu les pièces le premier?

(1) Oh non ! le rapprochement des dates, à lui seul, accuse les recherches et une longue préméditation . Est-ce que, par hasard, on l'ignore au *Journal de Lot-et-Garonne* ?

prenons que sur ce point M. Prosper de Lafitte ait pu se croire fondé à intervenir.

« Quant à la seconde note, qui met en cause un tiers tout à fait étranger au débat (1) elle est signée de M. Gustave de Lafitte seul et ne concerne, en effet, que lui seul. Nous ne l'aurions pas insérée, si nous ne l'avions déjà vu reproduite dans un journal de la localité ; mais nous nous demandons ce que M. Gustave de Lafitte peut avoir à gagner à une semblable publication (2).

« Nous ne suivrons pas maintenant M. de Lafitte dans les détails où il entre sur les retards mis à lui répondre ; nous aurions cependant quelques rectifications à opérer. M. de Lafitte omet de dire que, par un sentiment qui l'honore, il avait été le premier à renvoyer à la fin des opérations élec-

---

(1) Mais non ! ce qui met un tiers en cause, c'est la correspondance anonyme d'abord, et ensuite le *Journal de Lot et-Garonne* lui-même qui l'a insérée.

(2) Comment ! prétendez-vous donc que l'ancien maire d'Astaffort devait rester sous l'imputation *d'avoir soutenu une délation dont l'odieuse fausseté aurait été démontrée ! Où en sommes nous donc ?*

torales le réglement de cette affaire (1) ; nous nous sommes mis, malgré tout, en mesure de lui fournir immédiatement le nom qu'il réclamait, et s'il ne l'a pas connu le 5, il doit savoir que ce n'est pas notre faute. (2)

» Aujourd'hui, M. de Lafitte connaît le nom de l'auteur de la lettre (3) ; il déclare l'incident clos, nous sommes parfaitement de cet avis. »

Voici la lettre de M. de Lafitte :

» Monsieur le Rédacteur,

» Dans le numéro du 1er octobre du *Journal de Lot-et-Garonne*, vous avez publié une correspondance anonyme d'Astaffort où je trouve con-

---

(1) Oui, et je l'aurais fait si M. le directeur du *Journal de Lot-et-Garonne* avait daigné m'accuser tout au moins réception de ma lettre très courtoise du 30 septembre, ce qui était un devoir de poli-tesse.

(2) Mais si, c'est votre très-grande faute, attendu que jamais vous n'auriez dû insérer un pareil écrit sans exiger d'*avance* l'autorisation d'en nommer l'auteur ! Je sais que le 5 je n'ai pas pu obtenir communication de ce nom ; je ne sais pas autre chose.

(3) Toujours la même équivoque !

testé le droit à la particule qui précède mon nom et des rapprochements injurieux pour la mémoire de mon père.

» J'ai obtenu tout d'abord de l'amitié et de la confiance de mon frère, qu'il me laisserait la direction absolue de l'affaire, au cours d'une première phase, durant laquelle il s'abstiendrait complétement d'intervenir.

»Mon opinion est en effet *qu'un candidat* doit se laisser discuter, même sans mesure, en se contentant, lorsqu'il y a lieu, de rétablir la vérité des faits ; dans l'état de nos mœurs, la vie publique serait impossible à d'autres conditions. Je prends la responsabilité absolue de cette attitude, prise d'après mes conseils.

»Cette résolution, prise en commun, était connue à Astaffort avant ma lettre du 3 octobre, dont il sera question plus bas.

» Quant à moi, qui suis dans la vie privée, j'ai dû relever ce qui m'atteint dans l'écrit de votre correspondant, contre sa volonté, je l'admets, puisqu'il vous l'écrit.

»Le soir même où l'article a paru, le 30 septembre, je vous ai demandé par écrit de me faire connaître le nom et l'adresse de l'auteur anonŷme, ou le nom de la personne qui prenait la responsabilité de l'écrit.

» Point de réponse !

» Le 3 octobre, je vous ai adressé une mise en demeure, que vos confrères ont publiée dans leurs numéros parus le même jour, et conçue en des termes qui devaient, à mon avis, amener une solution immédiate.

» Point de réponse !!

» Hier, 6 octobre, n'ayant obtenu du journal ni un mot d'excuse, ni un adversaire, je me suis adressé à M. H. Noubel lui-même, et j'ai prié deux de mes amis, MM. Achille d'Aiguillon et Armand de Sevin, de lui demander, en mon nom, une réparation par les armes.

» Vous dites (note du 7 octobre) que vous m'avez fait connaître le nom de l'auteur. *Ce fait-là*, monsieur, *est inexactement rapporté;* ce n'est pas seulement le nom que vous avez donné à mes témoins, c'est la lettre elle-même où votre correspondant se reconnaît l'auteur de l'écrit du 1ᵉʳ octobre, et, ce que vous ne dites pas, où *M. Henri Duffour, célibataire, ancien capitaine de douaniers, déclare que n'ayant visé que mon frère dans sa première lettre, il se refuse absolument à avoir à faire à tout autre que lui.*

» M. H. Noubel, mis en demeure de nouveau de couvrir de la sienne la responsabilité d'un collaborateur qui se dérobait, s'y est de nouveau refusé.

» Je m'abstiens de toute réflexion pour sauvegarder mon droit de réponse — l'incident est clos.

» Il ne nous reste plus, monsieur, qu'à rétablir la vérité des faits relativement :

» 1° A l'imputation d'usurper une particule à laquelle nous n'aurions point droit ;

» 2 A l'imputation relative à l'ancien percepteur d'Astaffort.

» C'est l'objet des deux notes ci-jointes, que je vous transmets au nom de mon frère, avec qui je suis en complet accord dans tout ceci : car s'il y a entre nous divergence d'opinion en politique, il n'y en aura jamais là où sera une question de famille, ou bien là où serait engagé l'intérêt de la population d'Astaffort.

» J'ai l'honneur d'être, Monsieur, votre obéissant serviteur.

P. de LAFITTE.

Lajoannenque, le 7 octobre 1874.

Note I.

On lit dans le numéro du 1er octobre du *Journal de Lot-et-Garonne* :

» On nous écrit d'Astaffort :

« .... Si M. Lafitte, qui n'eut jamais, je » crois, plus de convictions politiques que de » parchemins...

Et plus bas :

» Le père du candidat actuel, qui signait sans » particule Lafitte tout court.......... »

Voici la réponse :

» Il est un document dont l'autorité n'est pas discutée, et dont voici le titre :

» *Procès-verbal de l'assemblée des trois ordres de la sénéchaussée d'Agenais, tenue à Agen, au mois de mars 1789, en exécution de la lettre du Roi, portant convocation des états généraux du royaume*.......

» *A Agen, de l'imprimerie de la veuve Noubel, imprimeur du Roi et du pays d'Agenais, rue Garonne.*

» Cet ouvrage se trouve à la bibliothèque d'Agen. En voici le début :

« Aujourd'hui jeudi, douze mars mil sept cent
» quatre-vingt-neuf, avant midi, dans l'Eglise
» des Jacobins de la ville d'Agen, par devant
» nous, *Jacques de Lafitte*, écuyer, lieutenant-
» général de la sénéchaussée, commisaire du Roi
» en cette partie, président.;

  » En présence de.........................
» ont comparu l'ordre du clergé, celui de la no-
 blesse, et les représentants du tiers-état,
» savoir, etc...............................»

Voyons maintenant qui était ce Jacques de
Lafitte.

Un acte dont j'ai la grosse, et dont la minute
est dans l'étude de Mᵉ Forges, notaire à Agen,
où je l'ai vue, débute ainsi :

« Par devant le notaire royal de la ville d'Agen
» soussigné, présents les témoins bas-nommés
» fut présent messire Jean-Joseph-Médard de
» Laville, écuyer, Seigneur de Lacépède........
» lequel a volontairement........ vendu dès
» maintenant et pour toujours, en faveur de
» noble Charles de Lafitte......... habitant de
» son château de Lajoannenque, paroisse et
» juridiction d'Astaffort........... la charge
» et office de conseiller du Roi, lieutenant-géné-

» ral en la sénéchaussée et siége présidial d'Age-
» nais, etc........................ »
» Cet acte est du 16 août 1778.

Ce Charles de Lafitte était le père de Jacques
de Lafitte, cité dans le premier document, comme
il résulte d'un nouvel acte qui débute ainsi :

« Par devant les conseillers du Roi, notaires
« au Châtelet de Paris, soussignés,

« Furent présents messire Jacques de Lafitte,
« écuyer, conseiller ;du Roi, lieutenant-général
« de la sénéchaussée d'Agen, majeur fils (*sic*) de
« Messire Charles de Lafitte, conseiller secrétaire
« du Roi......, seigneur direct du comté d'As-
« taffort..... »

Cet acte, qui est l'acte de mariage de mon
grand-père, passé en l'étude de Mony, est du
27 juillet 1788. Comme pour le précédent, rien de
plus simple que de remonter à la minute.

Cela suffit à prouver, je pense, que l'imputation
d'usurper la particule, adressée à M. de Lafitte,
n'est point fondée.

P. L.

Note II.

Qn lit dans le *Journal de Lat-et-Garonne* du
1ᵉʳ octobre 1874 :

« .... Serait-ce la délation qu'il a soutenue
« contre l'ancien percepteur et dont l'odieuse
« fausseté a été démontrée ?.....

Voici la réponse.

Le 13 février 1873, le maire d'Astafiort a reçu
la lettre suivante :

» Monsieur le Maire,

Ayant demandé un duplicata à M. le percepteur par cause de la perte de la quittance du 12
septembre 1871, l'ayant retrouvée, je m'aperçois
d'une grande différence dans ce que je vous prie,
Monsieur le Maire, de faire ce qui dépendra de
vous pour que cet argent me soit remboursé ;
plus, je demande à ce que d'une faute aussi grave
M. le Procureur de la République en soit ins-
truit.

» Recevez, Monsieur le Maire, mes saluta-
tions.

» Signé : DUCOS. »

» A cette lettre étaient jointes une quittance portant le numéro 1029 et du 13 septembre 1871. Elle s'élève à 23 fr. 70 centimes, et un duplicata de cette même quittance, numéro 1029, délivré le 10 février 1873, ne s'élevant qu'à la somme de 10 fr. 20 cent.

» Le Maire envoya le tout à M. le Procureur de la République, et plus tard ces pièces sont retournées à la mairie pour être remises à M. Ducos. Le percepteur avait ordre de rembourser la différence. M. Ducos n'a pas voulu être remboursé ; il a conservé les pièces.

» Le sieur Faget, ancien cantonnier, a également fait une réclamation qui a été transmise au parquet ; il a été remboursé et a rendu les quittances,

» L'intervention du maire d'Astaffort s'ést bornée à l'envoi de ces réclamations, ainsi qu'à l'envoi d'autres quittances qui lui ont été remises pour être vérifiées (1).

» G. L. »

---

(1) Toute cette affaire m'est connue.

Le tiers mis en cause *par le journal de Lot-et-*

A ce moment je ne trouve plus personne devant moi, l'affaire est finie : elle va recommencer.

Quelques personnes très compétentes ont pensé que j agissais peu correctement en permettant qu'elle s'engageât de nouveau : c'est la vérité même ! mais, les jours suivants, quelques amis de M. Duffour on dit, et lui ont fait dire qu'il n'avait pas reculé, qu'il se serait battu, qu'il avait fait choix de témoins, qu'il attendait (après ma lettre du 3 octobre !!). L'étrange note du *Journal de Lot-et-Garonne* (voir plus haut p. 13) est certainemeut le point de

---

Garonne ne pouvant s'expliquer ici comme il eut pu le faire dans le journal, s'il l'eût voulu, j'ajoute que les faits rapportés dans la note ont été examinés au parquet, n'ont rien révélé de délictueux , mais seulement accusé, dans la tenue réglementaire des écritures, des irrégularités à raison desquelles le trésorier-général a prescrit les remboursements mentionnés,

départ et le point d'appui de ces propos. Quoi qu'il en soit, croyant à leur sincérité, j'ai cédé à un sentiment de commisération pour un adversaire dont j'ai dû croire le moral raffermi.

⁎

Pièces publiées dans le *Journal de Lot-et-Garonne*, numéro du 12-13 octobre.

I

A monsieur Henri Duffour.

« Monsieur,

» Dans une lettre dont M. Henri Noubel m'a donné communication, autorisé par vous, vous écrivez que vous vous refusez absolument à avoir à faire avec moi.

» J'apprends aujourd'hui que quelques-uns de vos amis, mal avisés peut-être, prétendent que vous étiez résolu à me rendre raison, et que vous aviez fait choix de témoins.

» S'il vous convenait, monsieur, par une dé-
termination virile, de racheter, dans une certaine
mesure l'ignominie de toute cette affaire, même
après toutes ces lenteurs, je vous en offre encore
le moyen. Mais prononcez-vous catégorique-
ment.

» MM. Gauran et Victor Routier veulent bien
me faire l'honneur d'être mes témoins.

» J'ai l'honneur, etc.

» P. DE LAFITTE.

» 9 octobre 71. »

II

» Nous, soussignés, mandataires de M. Prosper de Lafitte, nous sommes transportés au *Pé-
du-Casse*, le 9 octobre, à huit heures du soir, auprès de M. Henri Duffour, pour obtenir de lui la
rétractation avec excuses et regrets, ou une réparation par les armes, de l'injure faite à la mémoire de M. de Lafitte père, insérée dans un article du *Journal de Lot-et-Garonne* du 30 septembre
(lisez 1er octobre).

» M. Henri Duffour nous a répondu qu'il nous

mettrait en rapport avec ses témoins, MM.Gavar
ret et Bourgeac.

» Nous nous sommes réunis, aujourd'hui 10,
dans le salon de M. Victor Routier; après avoir
fait connaître aux témoins les conditions exigées
par nous, du consentement de M. Prosper de
Lafitte, MM. Gavarret et Bourgeac ont déclaré
qu'ils ne pouvaient accepter ni l'une ni l'autre de
ces conditions et qu'ils se retiraient.

» Priés par nous de concourir à la rédaction
d'un procès-verbal constatant les faits, ils ont
déclaré qu'il n'y avait pas lieu et se sont retirés.

» *Les témoins de M. Prosper de Lafitte,*

» Signé : GAURAN ; V. ROUTIER.

III

Dans la note qui précède les documents in-
sérés dans le numéro du 9 octobre du *Journal de
Lot-et-Garonne*, le rédacteur écrit :

« .... Nous nous sommes mis, malgré tout,
» en mesure de lui fournir immédiatement le
» nom qu'il réclamait, et s'il ne l'a pas connu le

» 5, il doit savoir que ce n'est pas notre faute. »

» Je répète que dans la lettre qui *n'a pu m'être communiquée que le 6* et dont mes témoins ont pris connaissance comme moi, M. H. D. se refusait absolument à avoir à faire à tout autre que mon frère.

» Pourquoi ne pas publier cette lettre ?

» Le refus des témoins de M. H. D. de concourir à la rédaction d'un procès-verbal, oblige à préciser le plus possible.

» P. L. »

Nous arrivons maintenant à des pièces d'une gravité exceptionnelle. Je les prends encore dans le *Journal de Lot-et-Garonne.*

I

« Astaffort, 13 octobre 1874.

» Ce n'est pas sans éprouver une grande surprise que nous lisons dans l'*Union du Sud-Ouest* une déclaration de MM. Routier et Gauran, tendant à insinuer que nous avons refusé la rétractation qui nous était proposée, ainsi que la réparation par les armes.

Nous répondrons d'un seul mot : oui, nous avons refusé la rétractation ; quant à la réparation par les armes, nous comptons assez sur l'honnêteté de ces messieurs pour être certains qu'ils ne persisteront pas dans leur assertion que nous déclarons absolument inexacte.

Nous déclarons que sous aucun prétexte, nous n'interviendrons dans aucune nouvelle explication.

Signé : BOURGEAC, — L. GAVARRET,

Témoins de M. G. Duffour.

II

Astaffort, 13 octobre 1874.

Je n'ai pas un mot à ajouter à la déclaration de mes mandataires MM. Bourgeac et Gavarret et pour en finir définitivement avec cette affaire, je reproduis ma réponse du 2 octobre au rédacteur du *Journal de Lot-et-Garonne*, m'en tenant sans restriction aucune à sa teneur.

Signé : G. Dufour.

III

Astaffort, le 2 octobre, 1874.

Mon cher ami,

» En écrivant l'article que vous avez publié le 1er octobre, il m'a plu de reproduire des dates qui sont du domaine public ; et aucun procédé d'intimidation ne pourra le cas échéant m'empêcher d'user de ce droit.

» Je n'ai donc pas à en excuser la portée n l'interprétation fantaisiste qu'on leur donne.

» C'est M. Gustave de Lafitte, candidat radical d'Astaffort (1) que cet article vise. C'est à lui seul que je puis avoir à répondre s'il le désire.

Signé, G. DUFFOUR.

P. S. — Usez de ma lettre comme vous le juge-rez à propos.

***

Un mot à ces messieurs, avant de donner la parole à mes témoins :

Votre lettre elle-même vous condamne.

Que veniez-vous faire chez M. Routier, et si vous n'avez pas refusé la rencontre qui vous était offerte, comment a-t-elle été évitée ?

---

(1) *Sous la plume d'un habitant d'Astaffort, qui le connaît,* cette épithète est une ânerie ou un impu-dent mensonge !

Est-ce que ma lettre à M. Dufour manque de netteté ?

Est-ce qu'il n'a pas reçu en plein visage ma mise en demeure du 3 octobre, laquelle tombée d'abord sur un anonyme inconnu, va maintenant se graver sur son front ?

Est-ce que les déclarations de mes témoins ont manqué de précision ?

Mais vous-même, qu'avez-vous apporté, qu'avez-vous proposé, qu'avez-vous offert pendant que j'attendais dans la maison voisine ?

Et vous n'exigez pas que tout ce que vous avez fait, que tout ce que vous avez dit, soit consigné dans un procès-verbal ? Que dis-je, vous vous refusez à en faire un, et, je dis le mot, vous vous sauvez !

Et depuis le samedi, 3 heures, jusqu'au lundi à 10 heures du soir (1), où vous trouvez dans l'*Union du Sud-Ouest* le procès-verbal de mes témoins, vous ne donnez pas signe de vie !

(1 Les journaux d'Agen ne paraissant pas le dimanche, cette pièce n'a pas pu être publiée plus tôt.

Et alors, à l'affirmation si nette de mes témoins, vous opposez, quoi? — Cette déclaration timide qu'elle est *inexacte !*

Et vous ne mettez rien à la place !

Et vous déclarez que *sous aucun prétexte vous n'interviendrez dans aucune autre explication !* et en effet vous ne dites plus rien !

Et votre ami se hâte *d'en finir définitivement avec cette affaire!* arrogant si on le dédaigne, prêt à se dérober si on se dresse devant lui !

Et naïvement il sape dans sa base votre *déclaration* elle même , comme mes témoins vont le montrer tout à l'heure !

O honnêtes gens, qui en appelez à l'honnêteté des autres, qu'entendez-vous de cette attitude ?

Qu'en attendez-vous dans le présent ?

Qu'en attendez-vous dans l'avenir, alors que, avec le temps, le souvenir des faits se sera obscurci ?

S'il y a là une espérance à long terme , qu'elle soit démasquée et flétrie !

S'il est des relations d'où la duplicité et l'astuce doivent être bannies, certes, ce sont celles de témoins à témoins ; et on ne sera jamais trop sévère pour des pratiques qui mettraient l'honneur des parties à la merci d'une restriction mentale ou d'un mensonge !

Voici maintenant (toujours d'après les journaux) la réponse de mes témoins.

Que l'on compare et que l'on juge !

I

« Nous affirmons sur l'honneur la vérité du procès-verbal que nous avons signé. Pourquoi MM. Gavarret et Bourgeac se sont-ils refusés à le rédiger avec nous ? fait sans exemple, croyons-nous, dans une affaire d'honneur.

» Nous allons le compléter :

» Le 10 octobre, à 10 heures du matin, nous avons eu avec MM. Gavarret et Bourgeac une première entrevue où nous avons fait connaître à ces messieurs nos conditions ; ils nous ont de-

mandé deux heures de réflexion. M. de Lafitte
attendait dans la maison voisine.

» A deux heures, ces messieurs sont revenus
avec une note rédigée par eux. Pour l'acquit de
notre conscience, nous sommes allés la commu-
niquer à M. de Lafitte, qui nous a déclaré : que
l'affaire était terminée le 5 octobre au soir ; qu'en
la laissant se rouvrir, il faisait une grande grâce
à M. Duffour, en lui permettant de se réhabili-
ter ; mais qu'à ce point, entre ces deux termes ,
« une rétractation avec excuses, sans commen-
» taires, et une rencontre immédiate, » il n'ad-
mettait pas la possibilité d'un troisième. »

» MM. Gavarret et Bourgeac, mis en demeure
de choisir, ont déclaré ne pouvoir accepter ni
l'un ni l'autre et se sont retirés.

Un dernier mot :

» M. Duffour publie sa lettre du 2 octobre, où
il dit : « *c'est à lui seul* (M. G. de Lafitte, candidat) » *que je puis avoir affaire s'il le désire.*

» Il commence aujourd'hui par dire, en parlant
de cette lettre :

« *M'en tenant, sans restriction aucune, à sa te-*
» *neur.* »

» C'est M. Duffour dementant lui-même l'assertion de ses témoins.

Signé : GAURAN — V. ROUTIER.

» 14 octobre 74.

*
* *

A MM. Gauran et Victor Routier (1),

« Mes chers amis,

» Soyez bien certains que personne ne doutera
un seul instant de votre parole.

» Nous sommes en présence de gens qui ne sa-
vent ni s'excuser, ni se battre, ni avouer qu'ils
n'ont pas osé se battre !

» Tout cela est grotesque (2) et ferait songer à
finir par où j'aurais bien du commencer : la po-
lice correctionnelle.

---

(1) Le *Journal de Lot-et-Garonne* n'a pas publié
cette lettre. Est-ce pour ne pas avoir à répondre au
dernier paragraphe du *post-scriptum ?*

(2) Je me reprends : c'est odieux !

» Je vous remercie de tout cœur de la fermeté que vous avez apportée à l'accomplissement de votre mission, et je vous prie de recevoir, avec l'expression de ma vive gratitude, l'assurance de mes sentiments bien affectueux et dévoués.

» P. de LAFITTE.

» Ce 14 octobre 1874.

» P. S. — Serait-il vrai (on le dit tout haut aujourd'hui) que M. H. D. n'est là que le bouc émissaire de toutes les iniquités d'Israël ?

La lettre de M. D. au *Journal de Lot-et-Garonne*, se termine par ce *post-scriptum* :

« *Usez de ma lettre comme vous jugerez à propos.* »

Comment se fait-il que malgré les *démarches* du journal cette lettre n'ait pas pu m'être communiquée le 5 (c'est le journal lui-même qui l'a dit) mais seulement le 6, au moment où mes témoins se sont adressés à M. Noubel lui-même?

La lettre de M. D. est datée du 2 octobre.

P. L.

Les témoins de M. Duffour ayant eu le triste courage de tenir leur promesse, ces pièces sont les dernières, il n'y a pas été répondu.

Cette fois, l'affaire est bien finie !

J'éprouve comme un malaise à me raidir contre des gens offrant aussi peu de consistance ; car enfin si un homme manque de courage, ce n'est point sa faute, ce n'est qu'une infirmité comme une autre, et si le malheureux qui a pris, ou auquel on a fait prendre une responsabilité, si au-dessus de son tempérament, avait eu l'honnêteté de reconnaître sa faute, tout serait déjà oublié ! Mais il garde encore, en écrivant, une attitude qui m'oblige à porter la lumière dans toutes ces vilenies. Qu'il ne s'en prenne donc qu'à lui-même des suites morales d'une mauvaise action qui lui reste, alors que les plus coupables peut-être, en sont encore à garder le silence.

Allons, Messieurs ! un peu de courage, puisqu'il n'y a plus de danger ! confessez-vous !

www.ingramcontent.com/pod-product-compliance
Lightning Source LLC
LaVergne TN
LVHW022033080426
835513LV00009B/1011